必ず道は開かれる

越前喜六
Echizen Kiroku

日本キリスト教団出版局

装幀・装画　松本七重

まえがき

数年前、友人を伴い、越前の国（現在の福井県）にある日本曹洞宗の開祖、道元《どうげん》（一二〇〇［正治二］年〜五三［建長五］年、鎌倉初〜中期）が建立し、修行道場ともなっている永平寺を訪ねたことがあります。事前に親交のあった禅僧の紹介と推薦があったので、奥まで案内され、宝物殿で本物の『正法眼蔵《しょうぼうげんぞう》』〈九十五巻〉を拝観することができ、言い表し得ないほどの感動を覚えた記憶があります。

その中に、「菩提薩埵四摂法《ぼだいさったししょうぼう》」の巻があります。そこには、布施《ふせ》・愛語《あいご》・利行《りぎょう》・同事《どうじ》という、菩薩の実践すべき四つの徳目が説かれています。この詳細は僧侶にお任せいたしますが、その中には、今回の拙著の出版にあたり極めて適切な言葉だと思う、愛好している道元の言葉があるのです。

それは「愛語」です。一節だけ引用いたしましょう。

「愛語よく廻天《かいてん》のちからあることを学すべきなり」

（現代語訳「愛語はよく天を廻《めぐ》らすほどの力あるものなることを学ばねばならない」。

増谷文雄訳・注『正法眼蔵』第四巻、角川書店、一九七五年、294〜295頁）

聖書はまさに、神のみ言葉として、神の愛語なのです。

この『必ず道は開かれる』は、戦後の荒廃の中「暗いと不平を言うよりも、すすんであかりをつけましょう」の標語で始められた「心のともしび」運動というテレビとラジオの放送番組のなかで短く話させていただいたお話の一部が、日本キリスト教団出版局のご厚意で刊行されたものです。関係者の皆さまに深甚の感謝をささげるとともに、読者の皆さまの心に愛と希望の光が灯《とも》るようお祈りいたします。

必ず道は開かれる　＊　目次

勇気をもって歩む

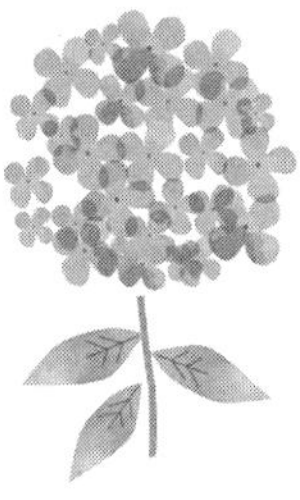

「神がともにいてくださる」
そのことを信じることによって、
わたしたちは不安や恐れを抱く必要が
なくなります。
神はいつもわたしたちを愛し、
良い道を備えてくださるからです。

聖書やキリスト教は、どうしたら安心して生きられるかをわたしたちに教えています。特定の宗教教団の信徒になる必要はありません。要は、聖書が告げる教えを真実と信じて、それに従って生きるかどうかです。

聖書が示す真実の一つとして、「我らは神の中に生き、動き、存在する」という言葉が、『使徒言行録』の17章28節にあります。かつてパウロがギリシャのアテネで、「神はわたしたち一人一人から遠く離れてはおられません」（27節）と説教したときに、引用したギリシャの詩人の言葉です。さらにパウロは、「わたしたちは神の子孫なのです」とも言っています（29節）。

このように、わたしたち人間は、神の子どもとして、神の中に生き、動き、存在しているのですから、何の不安も恐れも心配もありません。もしこの事実を信じて、神に感謝し、賛美しながら、何でも神に祈願するなら、ともにいてくださる神は、愛する子どもたちがどこにいて、何をしていても、すべてうまくゆくように取り計らってくださるでしょう。

日本の仏教界に、弘法大師空海がおられます。高野山の日本真言宗の開祖です。信徒には「お大師さん」として親しまれています。四国八十八ヶ所を巡礼するとき、巡礼者は白木の杖をついて歩きます。これを「同行《どうぎょう》二《に》人《にん》」と言います。一人で歩いているのではなく、お大師さまと一緒に歩いているからです。

主キリストも復活された後、都のエルサレムから田舎のエマオに帰ろうとしていた二人の弟子に現れて、一緒に歩かれ、聖書を説かれました。キリストは人々の救いのために、十字架上で亡くなり、復活すると説かれたわけです。

まさに、わたしたちとともにいてくださる神ではないでしょうか。

自分の命を顧みず
子どもを助けようとする、母親の愛。
その無条件の愛情によって
人は健やかに成長できるのです。

わたしの母は、十二人の子どもを生みましたが、二人の男の子は嬰児や幼児のときに亡くなったと聞いています。それでわたしは、十人兄姉の末っ子として生まれ、育ちました。

東北の雪国で温泉場が多かったからでしょう。母は冬に子どもたちが風邪をひかないようにという配慮から、あまり寒くない時期に、よく近郊の温泉場に湯治に連れてゆきました。

ある温泉場でのことです。姉の話によると、母がわたしから眼を離した瞬間、よちよち歩きをしていたわたしが、旅館の欄干から下を流れる割合大きな川に落っこちたそうです。気がついた母はびっくり仰天したでしょうが、すぐその川に飛び込み、幼児のわたしを助けたそうです。とっさに我を忘れて、子どもの命を助けた母の行動は、わが身を犠牲にしてもわたしの命を救おうとした母の無条件の愛ではないでしょうか。

母は、わたしが三歳の頃に亡くなったと聞いています。今、思い出せるのは、あるとき、台所で生卵のてっぺんに穴を開け、健康に良いからと、わたしの口に注いで飲ませてくれたことです。後の思い出は、若くして亡くなった母の遺体が居間に安置され、その遺体を囲んで父親や、兄・姉たちが祈っていた光景だけです。

子どもにとって母親ほど偉大で、すばらしく、無限に優しく、すべてを包容してくれる存在はないでしょう。父親はそれなりに偉大ですが、「己を忘れて」他者に尽くす無条件の愛情という面では、母親に勝るものはいないのではないかと思います。すべての生き物は、無条件の愛情によって健やかに生き、成長し、活動するのです。

わたしがカトリックが好きなのは、聖母マリアに対する崇敬があるからではないかと思いますが、そればかりでなく聖母マリアによって母親の愛情を想い出させてもらうからです。

希望がある限り、
人は生きてゆくことができます。
自分の限界を感じたときには、
死をこえて復活された、
イエス・キリストを
思い起こしてください。
必ず、心のうちに希望が
わいてくることでしょう。

わたしの青春時代は戦争中で、受洗する一九五〇年までは、わたしにとって日本社会は暗黒時代であったといっても差し支えないと思います。

終戦のときは、山奥の銅山で、空腹のなか重労働をさせられていました。終戦で家に帰ってきたものの、すでに両親はなく、兄弟たちは皆実家を出てばらばらでした。取り残された末っ子のわたしには、絶望しかありませんでした。

そのとき読んだ本に、ユダヤ人の精神科医であるヴィクトール・E・フランクルが、ナチスの強制収容所で体験した生き地獄の状況を描写した書物、『夜と霧』がありました。

収容所のユダヤ人が強制労働をさせられた上、いつガス室に送られて殺されるかわからない絶望的な状況の中で、朝まだき厳寒の労働に連れてゆかれる最中、フランクルは会えない妻を思い出し、どんなに妻を愛したか、それなのにそれを十分に表現できなかったことなどを想起していました。

すると、前方に妻の姿がくっきり浮かぶのが見えました。その瞬間、彼は内心深い慰めと喜びと愛を経験するのでした。実はそのとき、彼の妻はガス室で殺されていたのです。現実ではなくても、心と思いの中で「愛した」という経験を思い出すだけでも、人は生きる充実感を覚えることができると、フランクルは自らの体験を基に書いています。

ところであの戦後のひどい状況の中でわたしの心を支えたのは、信者であった姉がわたしに伝えてくれた、神は無条件にわたしを受け入れ愛してくださっているというキリスト教の信仰でした。それで毎日、独りでよく祈りました。

人は希望がある限り、生きていきます。誰にも何にも頼ることができないと気づいたならば、あなたを愛し、あなたのために死んで復活された主キリストを思いましょう。きっとあなたの心に希望がわいてくることと思います。

誰でも
その内に「限りない宝」を秘めています。
それを開花させるのは
工夫や努力なのです。

ある説話を紹介しましょう。

昔、ある村に一人の貧しい人が住んでいました。猫の額ほどの土地しかないその人は、毎日、自分は貧乏で不幸だという思いばかりにとらわれながら、細々と暮らしていました。

ある冬の日、一人の旅人が一夜の宿を求めて立ち寄りました。暖炉にあたりながら、その旅人にさんざん自分の悲惨な境遇を訴え、ぐちっていました。彼の話をゆっくり聞いた後、旅人は、こういう話をしました。「あなたは自分の屋敷や土地の中に、莫大な宝が隠されているのがわかっていない。思い切って、道具を使い、土地を掘ってみなさい。そうすれば、宝物が見つかるでしょう。わたしはいずれまたお訪ねします」。そう言って、出立しました。

貧しい人は、だまされたと思いながらも、その話を信じて、自分の土地を一生懸命掘ってみました。宝物は何も出てきませんでしたが、せっせと働いているうちに、その小さな土地は、立派な畑になることがわかりました。土壌の質もよく、また排水もよく、植物の種をまいたところ、よく生長し、豊かな実りをもたらしました。

小躍りして喜んだ彼は、収穫物の一部を近くの村の人々にも無償で提供しました。数年たって旅人が立ち寄ったときには、その貧しい人は、精神的にも物質的にも豊かな人になっていました。

こういう簡単な物語にコメントはいらないでしょう。信じるか信じないかは別にして、旧約聖書の『創世記』1章によると、神は人を神の似姿として創造されたとあります。つまり、それによってわたしたちの魂や心や体の中には無限の宝が潜んでいるのです。

ですから、それを信じ、おのが可能性や能力、才能という宝を一生懸命開発して、開花・結実させるよう工夫・努力することが大切になってくるのではないでしょうか。

からだが病むと、こころも弱ります。
自分が抱えることをあるがままに
受け入れることによって、
本当の自分に出会うことができるのです。

新約聖書に収められているパウロ書簡の中に、「たとえわたしたちの『外なる人』は衰えていくとしても、わたしたちの『内なる人』は日々新たにされていきます」という言葉があります（Ⅱコリント4・16）。

わたしのように、向老期、すなわち加齢期を迎えると、身体の衰えを日々感じながら生きています。人間は心身一如《いちにょ》といわれるように、身体と心は別々であって別々ではないので、身体が病を得ると、気持ちも病んでしまいます。反対に、心理的な不安や悩みがあると、身体機能も異常になるのが常です。それを認め、あるがままに受け入れることがまず大切でしょう。

仏教では悟りのことを「諦《あきら》める」といいます。明らかにするという意味でしょう。この老いの現実を受容した上で、わたしはどのようにしたら「内なる人」が日々活性化するかを考えました。すると、たとえば、学びということが思い出されます。読書や執筆は頭の訓練にもなります。それから何か有益な仕事をすることでしょう。わたしには大学定年後も、いくつかの講座があるので、少なくとも週に三回は講義をしなければなりません。こうして少しでも脳を活性化しようと努めています。

ともあれ、日常生活においても利己的な動機よりも、ささやかでも世のため人のためになることが何かを考え、それを選択して実行するようにします。また、人はよき言葉によって生きることができるので、外の人々と話す機会を探しています。

最後に、「内なる人」とあるのは、自分の心の深奥にある真実の自己、すなわち神さまのことですから、それと対話することを大切にします。具体的には、朝と晩、十五分位の時間を瞑想や祈りに使います。そうすることにより、日々新しい自分を見出すことができると感じています。

努力や忍耐を重ねて
一歩一歩を歩んでゆくとき、
成熟しつつ、ゆたかなかたちで
年齢を重ねていくことができます。

普通、「年を取る」と言います。年齢が減っていくわけではないので、年を重ねるというほうが自然なのではないでしょうか。

不思議ですね。樹木は年輪を重ねるといい、何となく趣《おもむき》があります。樹齢何百年と言われると、何だかその樹の前で頭を下げてしまいます。

ある本を読んでいたら、神さまは人間の体の命を優に三百歳まで生きられるように創造されたとありました。ところが人間は、体を乱暴に取り扱い、不摂生な生活をするので、百歳くらいで死んでしまうというのです。

体の健康を大切にし、節度ある生活の仕方を心掛けるならば、仮に短命だとしても、その人の人格は熟成し、神の愛する子として成長するのではないでしょうか。

年を重ねるのは、樽の中のお酒のように、人生という樽の中で神の子らしく熟成していくためではないでしょうか。何事も一足飛びに目的に達することはありません。試行錯誤をしながらも、らせん状を描きながら、一歩一歩進歩していくものなのです。努力も要り忍耐も必要です。

わたしのようにせっかちな人間は、待っているとよくイライラしますが、そんなときには、気を散らして、外の景色や部屋の置物を見たりしています。すると、時はすぐやってきます。「時間は意識である」とアウグスティヌスという聖人は言いましたが、誠にそうだと思います。

年齢を重ねていくたびに、円満な人格に熟成していけばいうことはないのですが、大抵は年を重ねるごとに、老醜をさらけ出すことになります。

人生を謙虚に生きるために、我執を捨てて無になってゆきたいものです。

人生に壁というものはありません。
自分の意識を変え、
勇気をもって進むとき、
道は開かれるのです。

困難や試練に直面したとき、根が臆病なわたしは、すぐに好きな聖書の言葉を思い出して、勇気を奮い起こし、「当たって砕けろ」の精神でぶつかってきました。その結果、大変だったと感じたことは一度もありませんでした。すべてがうまくゆきました。

人生に壁というものはないのです。あるのは、「これはベルリンの壁よりも固く、とてもぶつかって通れるはずがない」と思い込んでいるわたし自身の意識、つまり考え方だけです。意識は出来事を造り出します。ですから、意識を変えることです。それには、勇気を与えてくれるような言葉に出会うことです。

人生の出来事には、吉凶禍福があざなえる縄のように「楽あれば苦あり」「苦あれば楽あり」と関連し合っています。

そんなとき、わたしはたとえば、旧約聖書の『ヨシュア記』にある、主なる神がモーセの後継者ヨシュアに、イスラエルの人々を今のパレスティナの土地に導き入れるように言われたときの言葉を、思い出します。

それは「わたしはモーセと共にいたように、あなたと共にいる。あなたを見放すことも、見捨てることもない。強く、雄々しくあれ。……ただ、強く、大いに雄々しくあって、わたしの僕《しもべ》モーセが命じた律法をすべて忠実に守り、右にも左にもそれてはならない。そうすれば、あなたはどこに行っても成功する」という言葉です（1・

5～7）。

この世で生きるということは、さまざまな艱難辛苦のある道を一人で歩いてゆくようなものではないでしょうか。神を信じ、祈りながら、ヨシュアのように勇気を出して前進するとき、すべての困難は消え失せ、堂々と進んでゆくことができるでしょう。

不滅の命を信じる者にとっては、
魂の「衰弱」や「老化」はありません。
したがって、魂の器である
「心」や「からだ」を
どのように鍛錬して用いるかが
大切なのです。

わたしも高齢者になりました。若いときは、身体があまり丈夫でなかったけれど、定年の七十歳まで一応元気で仕事ができたことは、大きな喜びでした。その後は、すべての職務から解放されて、まったく自由な身になりました。

初めは不安でしたが、今は、個室でひとり静寂の中で、祈り、読書、パソコンでの著述、ＦＭラジオの音楽と、実に優雅で充実した時間を過ごせるのを感謝しています。静かで何もなく、ただ深く呼吸することができるのは、現世における至福のひとときではないかと思います。そして、いつ神さまからの呼びかけがあっても、素直にそれに応えてゆくことができるような気がします。

わたしは、人間は魂と心と身体から成り立っている存在だと人間学の立場から教えてきました。

老いるというのは、通常、加齢にともない心身が衰弱することを指していますが、加齢とともに衰えるのは身体だけではないかとわたしは思います。けれども、この世では身体と心が一つになっているので、身体の活発な動きができなくなると、自然に心も不活発になります。そのため、物忘れが進んだり、足腰が弱くなったりします。

しかし、この際はっきり申し上げますが、不滅の命をいただき、それを生きている人の魂には、衰弱や老化などはありません。そのため、要は魂の道具である精神や身体の機能を、いかに有効に鍛錬し、活用していくかどうかだと思います。

わたしの場合は、足腰の鍛錬のために室内で腰痛体操をし、祈りの一環として腹式呼吸をしながら座禅をし、午後は三十分くらい散歩することを習慣にしています。そうすれば週に三回ある講座を続けることができます。

これも老いのお陰と感謝しています。

わたしたちは、
必ず「失敗」や「過ち」を
おかします。
しかし、自分の間違いに気づき、
考えや選択を改めるとき、
大きな恵みが与えられます。

わたしたちは、弱い人間ですから、どんなに才能があっても失敗することがあります。そのたびに、七転び八起きで、失敗は成功の基なり、と前向きの考え方をして立ち上がることによって人間は必ず成長していきます。それが遂にもう駄目だと絶望してしまうと、不幸の坂を転げ落ちてしまうことになります。

「悔い改め」というのはもともと宗教用語で、罪を犯したと気づいたときに悪かったと認め、「赦《ゆる》してください」と祈って、神さまの許に帰ることを意味しています。回心といってもよいでしょう。わたしたちが悔い改めると、神は必ず過ちを赦され、力強く真っ直ぐ生きていく力を与えてくださいます。わたし自身は、何百回もそういう経験をしてきました。

悔い改めで大事なことは、過ちをおかした、あるいは間違ったと「気づく」ことです。決して不安になったり、自己不信に陥ったりすることではありません。不安というのは、神への信頼の欠如ですからある意味で罪よりも悪いと、わたしは若いときの霊的読書（聖人たちの著作など、信仰の糧になるものを読むこと）で教わりました。

ですから、悪いことをしたということに気がつけば、即座に考え方や選択を変え、神に至る正しい道に戻るように努めています。そこから得られる恵みは、一言で言い表せません。ですから、わたしたちは、過ちをおかしたことをいたずらに後悔するのではなく、間違ったと気づいた瞬間に、ものの見方や選択を変えようと努めることが大事です。

「過ちて改めざる、これを過ちという」との言葉もあります。

人間は、過ちをおかすことで謙虚になり、用心深くなります。悪かったと気づいたら、すぐに改める。それを平安な心で行うなら、わたしたちはやがて偉大な人になるでしょう。

憎しみや恨みを抱きながら
「平和を！」と叫んだところで
平和は訪れません。
本当の平和をもたらすためには
自分の心が平安であることが
大切なのです。

平和を願わない人はひとりもいないでしょう。しかしながら、現実の社会や世界は、争いや事件やテロなどが絶えません。

なぜでしょうか。

短絡的な言い方はできませんが、多くの人々は「平和」を、政府や団体や社会機関などが外部からもたらしてくれるものだと思っています。しかしそれでは、世界がいくら経済的には豊かになったとしても決して平和は実現しないでしょう。なぜなら、平和にかぎらず、人生のすべての出来事は、人々の意識が原因で生じているものだからです。

多くの人々が、内心、不安や憎しみや恨みや反感を抱いていながら、いくら言葉で平和を叫んでも平和は訪れません。かえって、不和や争いの世の中になってゆくでしょう。

言葉で平和を唱えたり、平和を念じたりするときには、まず自分自身の心が、何ともいえない平安な気持に浸っていなければなりません。


新約聖書の福音書に記されているように、イエス・キリストは山上の説教で、人々にこう言われました。「平和を実現する人々は、幸いである、その人たちは神の子と呼ばれる」と（マタイ5・9）。

平和は与えられるものではなく、創造し、実現していくものなのです。言葉を換えれば、まず自分自身の心の中に平安を実現しなければなりません。

わたしは修道会に入会し、最初の修練をしているとき、それを体験しました。無一物《むいちもつ》の中で、言うに言われぬ平安を体験するとき、周りの人々の間に平和を保つように努力することでしょう。なぜなら、自分が平安を味わっていれば、当然、ほかの人々をも平和にしようと努めるからです。

言葉を換えれば、神に愛されていることがわかれば、自然に他者を愛し、平和をもたらす人になってゆくのです。

「絶えず前に進んでいこう」と
覚悟を決め、
希望と忍耐をもって
一歩一歩進んでゆくとき、
やがて到達したいと思う頂上が
見えてきます。

昔から「一年の計は元旦にあり」と言われています。自分に関する将来の計画というのは大切です。なぜなら、人は自分の立てた計画にしたがって、生活していくからです。

「絶えず一歩前に」といったとき、みなさんはどういったことを思うでしょうか？　わたしはそのことが何を意味するのか、しばしば悩んでしまいます。他者を押しのけて前に出ようとすることでもないでしょうし、むろん出しゃばることでもないでしょう。絶えず前進していこうとする覚悟だと解釈すれば、よいのかもしれません。

人生の目的とは、人が心理的にも、精神的にも、霊的な面でも絶えず成長していくことだと、かつてある大学の人間学という授業で教えたことがありますが、その成長の法則というのは、らせん状を描いて上昇するのではないでしょうか。

昔、大学で習った「正反合《せいはんごう》」という弁証法の法則といってもよいかもしれません。努力とは、一歩踏み出すことと、それを交互に継続していくことです。

山登りがそれによく似ています。わたしの経験からも、富士山の頂上を目指すならば、足元を一歩一歩進めるしかないのです。

英語の「ステップ・バイ・ステップ」という言葉どおりです。前進するためには、まず前進するぞ、という意志がなければなりません。次に足を進めてゆくことです。これを努力といってもよいでしょう。

前進していくと、必ずいろいろな障害に直面します。それに負けず、希望と忍耐をもって、一歩踏み出してゆくとき、輝かしい目的地が開けてきます。

好きな禅の言葉に「百尺竿頭《かんとう》に一歩を進む」というものがあります。絶えず一歩前にという意味です。

神の像（似姿）として作られた
ということによって、
すでにわたしたちは
救われています。
そのことに気づくとき、
救いは現実のものとなります。

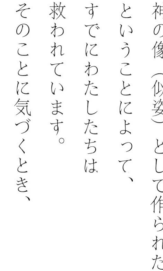

わたしは、魂の救いを求めて、信仰の世界に入りました。そこでいろいろなことを学び、経験しました。何を経験したかといいますと、神さまと一致するという救いを得るために必要となる修行です。具体的には、悪いことを避けて善いことを行い、一生懸命お祈りをするといったことです。そのため、一生懸命努力したつもりです。そうして、修道院にも入り、神父にもなりました。それで、救いが得られたはずではないでしょうか。しかし、実際はそうではありませんでした。

信仰生活に入って、もう八十年以上にもなりますが、救われたという実感はあまりありません。どうしてでしょうか。

それは結局、考え方が間違っていたからでした。善いことをし、正しいことをしていれば、神さまはご褒美《ほうび》として、救いを与えてくださるに違いないと、長年考えていたのです。もしそうであるならば、神の前で善行をしたことに対する報酬として、神さまは救いという天国を与えてくださるということになるのではないでしょうか。

しかし、真実はそうではありません。神さまは条件付きで人々を救っておられるのではありません。無償で無条件の愛をもって、永遠の御国に救ってくださっているのです。人間は神さまが愛を込めて創造された最高の傑作の一つだからです。

旧約聖書の『創世記』の1章には、次のような言葉が記されています。

「神は御自分にかたどって人を創造された。神にかたどって創造された。男と女に創造された。神は彼らを祝福して言われた。……見よ、それは極めて良かった」(27〜31節)

自分がすでに神の像として救われているのだ、という真実に目覚めるとき、そこに救いが実現するのです。

後は、神の像らしく、生き、動き、存在することです。

どんな人生でも、苦しみを経験します。
それらに出会うとき、
前向きになれるかどうかで
困難や苦しみが
自分を養う試練となるか、
単なる不満に終わるかが分かれます。

郵 便 は が き

料金受取人払郵便

新宿北局承認

8444

差出有効期間
2021年11月30日まで
(切手不要)

169-8790

162

東京都新宿区西早稲田2丁目
3の18の41

日本キリスト教団出版局
愛読者係行

注 文 書

裏面に住所・氏名・電話番号をご記入の上、
日本キリスト教団出版局の書籍のご注文にお使いください。
お近くのキリスト教専門書店からお送りいたします。

ご注文の書名	ご注文冊数
	冊
	冊
	冊
	冊
	冊

ご購読ありがとうございました。今後ますますご要望にお応えする書籍を出版したいと存じますので、アンケートにご協力くださいますようお願いいたします。抽選により、クリスマスに本のプレゼントをいたします。

ご購入の本の題名

ご購入の動機　1　書店で見て　2　人にすすめられて　3　図書目録を見て　4　書評（　　　　）を見て　5　広告（　　　　）を見て

本書についてのご意見、ご感想、その他をお聞かせください。

ご住所　〒

お電話　（　　　）

フリガナ
お名前　（年齢）

（ご職業、所属団体、学校、教会など）

電子メールでの新刊案内を希望する方は、メールアドレスをご記入ください。

図書目録のご希望	定期刊行物の見本ご希望
有　・　無	信徒の友・こころの友・他（　　　　）

このカードの情報は当社およびNCC加盟プロテスタント系出版社のご案内以外には使用いたしません。なお、ご案内がご不要のお客様は下記に○印をお願いいたします。

・日本キリスト教団出版局からの案内不要

・他のプロテスタント系出版社の案内不要

お買い上げ書店名

市・区・町　書店

いただいたご感想は、お名前・ご住所を除いて一部紹介させていただく場合がございます。

新約聖書の中に、人々からとても愛されている有名な聖句があります。パウロがテサロニケの信徒に宛てた手紙の一節です。

それは、「いつも喜んでいなさい。絶えず祈りなさい。どんなことにも感謝しなさい」という言葉です（Ⅰテサロニケ5・16〜18）。わたしはこの聖句こそ、どんな境遇の人をも必ず幸せにする秘訣をもっていると考えています。そのことはそれに続く言葉が保証しています。「これこそ、キリスト・イエスにおいて、神があなたがたに望んでおられることです」とあるからです（18節）。

もちろん、実行することは簡単でないでしょうが、まず一歩一歩努力していくことです。そうすれば、それが良い習慣となり、うまくいくようになるでしょう。

さて、先ほどの聖句にあった「どんなことにも感謝しなさい」という言葉に触れたいと思います。どんな人の人生にも吉凶禍福というものがあります。それは必ずしも、自分の善悪の行為の結果によるとは限りません。善人が苦しみ、悪人が栄えるという現実もあります。むしろ、そういう個人的なあるいは社会的な現実に直面したとき、自分自身がどういう意識をもつかということが重要な問題となるのです。

なぜなら、面白くない、嫌だ、腹立たしいといった感情を抱くと、そういう否定的な意識が、自分自身に否定的な現実を招き寄せてしまうからです。反対に、これも何かわたしに大事な真理を思い出させてくれるチャンスとして与えられたものだと、明るく前向きに感謝しながら受け止めると、信じられないくらいの幸運に恵まれることもあります。

人生は、すべて神の大いなる計らいの中にあります。しかし個々人の幸・不幸は、与えられた状況にあるのではなく、その状況を不安や不満で受け止めるか、それとも試練と考え、感謝と賛美の内に受け止めるかにかかっているのです。

かかわることの大切さ

気が合う人と一緒にいると
なんともいえないぬくもりを覚えます。
そうしたぬくもりは、
自分が愛されたことの想い出となります。

人間関係というか、友人関係というのは非常に大切ですが、同時に大変むずかしいと思います。

子どものときから、ぬくもりのある人間関係の中で育ったことがないので、わたしはぬくもりには恋愛のごとく惹《ひ》かれます。そして、寒い北国で生まれ、育ちましたので、寒さよりは暖かさが好きです。子どものとき、分厚い布団にくるまって寝るときに安らぎを感じたものです。また炬燵《こたつ》の中に入って、本を読んでいるときが、至福のひとときでした。

けれども、人がいちばん欲し、願っていることは、愛する人の傍にいて、「ヤマアラシのメスとオス」のように、つかず離れずの程よい距離を保ちながら、愛情こめて語り合い、ともに食し、ともに活動し合う関係ではないでしょうか。

人には相性というものがあります。気が合う人とは、別に努力をしなくても、自然に何となく気性が合うということがあります。そういう友人と一緒にいるときには、何となくぬくもりを感じるのではないでしょうか。

そういう人との共同生活が理想とは思いますが、現世はままならぬもので、ぬくもりを感じさせる友とはなかなか出会えないものです。仮に出会ったとしても、別れることが多いと思います。

わたしも若いとき、教会でひとりの女性が好きになりました。世の中は戦後の貧しい時代でしたが、彼女と一緒に教会の活動をしていた二年間は、本当に楽しく、幸せに満ちたものでした。特に、教会の活動を終えて彼女を自宅まで送ってゆく道すがら、信仰の話をしていたときは、ぬくもりというか、恋愛感情とはこういうものかと思いました。

間もなく、わたしは修道院に入りましたが、彼女も二年後に女子修道院に入りました。しかし、間もなく病に罹《かか》り、帰天されました。

わたしのぬくもりの想い出です。

自我をすてて、
神が望まれる道を
神とともにひたすら歩むとき、
わたしたちは、より自由な存在に、
そして、より個性豊かな者と
なるのです。

子どものとき、運動会で二人三脚のかけっこをしたことがありますが、見事に転びました。

そういう失敗が表しているように、わたしは孤独型の人間なので、他者との協調性が欠如していました。大勢の兄弟の中で生まれ、育ちながら、なぜこういう性格なのかよくわかりませんが、いちじるしく内向的で、他者嫌いな傾向は今でもあります。

神父としては失格だと思いますが、しかし考えようによっては、この内向的傾向は、修道院に入って神と交わるときには、役に立ったような気がしました。沈黙、瞑想、祈りなどが好きで、容易にできるからです。

二人三脚というのは、わたしにとっては、誰かと一緒に歩き、走るということではなくて、神と一緒に歩くときのスタイルでした。そして、神とともに生きるというのは、神を無視した完全な自我意識で生きることでもなく、あるいは自己を完全に滅却して、ただ神のみがわたしのすべてになってはたらかれるような生き方でもないと思います。

「我執《がしゅう》」という自我が無くなったときに現れてくる、真実の自己こそ神の顕現といってもよいでしょう。そこには自由と平安と喜びがあります。

神の右足にわたしの「我」という左足を結《ゆ》わいつけるとき、わたしの右足は、神の左足と調和して、ぐんぐん走るのではないでしょうか。

昔、神学を学んでいるとき、ある神学の教授は、神の恵みのはたらきと、人間の自由意志のはたらきの関係について、こう言われたのを思い出します。「何事も百パーセント神のはたらきですが、同時に百パーセント人間のはたらきです」と。

人間に自己責任があるのは、そのためではないでしょうか。

心が「物」や「事柄」にとらわれると、
本来もっているおおらかさが失われます。
逆に、「物」や「出来事」への
執着をやめるとき、
わたしたちは、おのずから
おおらかになれるのです。

おおらかに生きるというのは、いい加減に生きることでも、怠けて生きることでも、無責任に生きることでもありません。むずかしいことです。

そのような心境に生きるためには、日常生活の中でも修行というものが求められます。

どういう修行かというと、聖書の言葉を引用すれば、こうなるでしょう。「今からは、妻のある人はない人のように、泣く人は泣かない人のように、喜ぶ人は喜ばない人のように、物を買う人は持たない人のように、世の事にかかわっている人は、かかわりのない人のようにすべきです。この世の有様は過ぎ去るからです。思い煩《わずら》わないでほしい」と、パウロがコリントの教会の信徒に宛てて書いているとおりではないでしょうか（Ｉコリント７・29〜32）。

どんなことにも執着するな、ということだとわたしは思います。物が有るか無いかではなく、自分の心が物や事柄にとらわれるとき、人間が本来持っているおおらかさが無くなります。

人間とは、本来、神のかたどり、似姿にほかなりません。ですから、どんな人も人間であるかぎり、神の分身として限りない尊厳を有し、完璧で、偉大な創造力を持っています。けれども、それはあくまでも種子のような状態にすぎません。

ですから、それを開花、結実させようとしないかぎり、人間本来の偉大な尊厳さに気づき、経験することができません。ですから、自分の本来の姿を実感するために、無一物《むいちもつ》を目指すのです。

具体的には、すべての事物、事柄に没頭しながらも、無執着になろうと努めることです。そのとき無尽蔵の自分に気づくことでしょう。そうすれば、自然におおらかになれます。

ほかの人の心の痛みを
自分の痛みとすることができるなら、
それは単なる同情以上の、
さらに深い愛となるのです。

わたしたちは、しばしばテレビの映像などを通して、世界中の不幸な人々の姿を目にします。ストリート・チルドレン、戦争で手足だけでなく家族を失った人たち、長い間失業してこれから先の生活について不安でいっぱいの人たち、孤独のまま死んでいく人たちなど。彼らの姿を見るにつけ、また、人々の不幸な状態を見聞きするとき、わたしたちは憐れに思い、自然に心が傷みます。それは愛の第一歩です。

しかし、近くにいるほかの人の心の痛みを、自分のものとして感じ取ることはそれほどやさしくありません。

「断腸の思い」という言葉があります。あまりに辛く悲しいために、はらわたがちぎれる思いがする、という意味です。これは、自分の子どもを人間に取られたとき心配のあまり死んでしまった母猿のはらわたがずたずたになっていた、という故事に由来しています。

聖書にも同じように、自分の胎内にいる子どもの気持ちを母親がそのまま感じ取るところから来る「憐れむ」という言葉があります。それは、悲しみや苦しみの中にあるほかの人のことを思って、はらわたが、揺り動かされることを意味します。わたしたちが、ほかの人の心の痛みを自分の痛みとすることができるなら、それは単なる同情以上の、さらに深い愛であると言えます。

キリストも、さまざまな病気で苦しんでいる人々、食べ物や精神的な支えのない人たちをごらんになって、はらわたを揺さぶられ、深い憐れみの心を抱かれました。しかも、その後すぐに、病人を癒し、食べ物を与え、支えのない人たちを力づけました。

人の心の痛みを、自分のものとして感じ取るだけでなく、人を癒し力づけることができるなら幸いです。

「今ここに」生きているわたしが
神とともにあることを
意識するとき、
そこは天国となります。

「今ここに」という言葉があります。わたしたちが生きているのは、まさに今であり、ここであります。過去でもなければ、未来でもありません。一瞬に生きると言いますが、一瞬は永遠なのです。だからキリストは、明日のことは思い煩《わずら》うな、今日の労苦は今日で充分だ、とおっしゃったのです。

不安や心配や思い悩みは、大抵、過去や未来に関係しています。多くの人の意識は、そうしたすでに起こったことやこれから起こるであろうことにとらわれているので、なかなか安らかに生きられないのです。人の幸・不幸は、あなたの意識にあって、環境にあるわけではありません。それを多くの人は考え違いをしています。

あるとき、栃木県の那須にある、女性のトラピスト修道院を訪ねました。完全な沈黙のうちに、朝三時半に起床し、晩の八時に就寝します。一日の多くは、聖堂における共同の祈りに費やし、ほかは田んぼや畑や台所などでの労働です。そこには四十五名の修道女が生活しています。那須高原の大自然に囲まれた静謐《せいひつ》な環境は、いわば地上における天国だろうと感じました。そして、そこでの修道女の祈りこそが、社会と世界の平和と安全を守っているような気がしました。

わたしたちは、無論、隠遁《いんとん》者ではありません。世俗の真っ只中《ただなか》で生活し、働いています。しかし、そういうわたしたちが、今ここで安らかに、明るく、楽しく生きられれば、それが、「今ここで」神ともに生きる天国なのではないでしょうか。

それには、必ず祈りが必要です。祈りには定義も方法もありません。ただ、今ここで神とともにあるということを意識して、神さま、あなたが大好きです。どうぞ必要な恵みをお与えください、と祈ればよいのです。

「愛」の表し方は、
人によって千差万別です。
しかし共通しているのは、
相手の本当の幸せを願い
自分の何かを
分け与えることではないでしょうか。

わたしが神さまを信じるようになったのは、十歳のときでした。わたしの実家があったのは雪深い東北のある小さな町で、教会もない所でした。あるとき、遠く離れた市にあるカトリックの専門学校に寄宿していた姉が、一時帰省してきました。姉は、炬燵《こたつ》に入りながら、神さまがいること、良い子になれば、天国に入れることなどを話してくれました。

その話を聴いてすぐに信じたわたしは、姉からもらった『カトリックのみ教えの本』を夢中になって読みました。そして、決心しました。よし、良い子になって天国に入れてもらおうと。

それからは、どうしたら良い子になれるかということが、終生の課題となりました。そこでまず実行したのは、一生懸命神に祈ることでした。次にできるだけ欠点を直し、長所を伸ばそうと努めました。これは成功しませんでしたが、大きく道を踏み外すことはありませんでした。

それから神のこと、天国のことなど含め、宗教、特に魂に関する霊性の本を愛読しました。こうして十八歳のとき、信州の教会で洗礼を受けました。

そのときから、愛の実践つまり愛徳こそが、天国に入る唯一の道だと知りました。愛の具体的な実践方法は、十人十色、千差万別ですが、相手である他者にとって本当の益になると確信することを、自分の分に応じて与えることではないでしょうか。

わたしの場合は、神父であり、修道者であり、教師ですから、他者をあるがままに受容した上で、その人が精神的にも霊的にも成長するようなことを与えてきました。たとえば、真理を教え、愛と善に導き、助け、励まし、褒《ほ》めることなどです。決して物質的な利益になるようなことは与えませんでした。そのようなことは神がそれぞれのときに応じて与えてくださると思っているからです。わたしは、それを各人が引き出せるよう助けているにすぎません。

なぜ、イエス・キリストの誕生は
大きな喜びであるのでしょうか。
それは、クリスマスが
「あなたを愛してやまないよ」という
神からわたしたちへの
メッセージそのものだからなのです。

クリスマスが、全人類にとって歓喜の祭典であることはいうまでもないでしょう。宗教の有無、宗派の違いを超えて、人々はクリスマスの日を喜びます。

しかし、そのメッセージが何を指し示しているかを本当にわかるとき、わたしたちは救われるのでしょう。クリスマスは救い主イエスが誕生された日だ、とただ単に知っていても、それは救いになりません。それは単なる情報知にすぎません。

クリスマスを迎えても、まだ多くの人々が迷いや不安に悩んでいるのは、神の恵みが不足しているからではありません。神さまは、いつでも誰にでもあふれるほどのお恵みを注いでいらっしゃいます。

それにもかかわらず、救いが実感できないのは、神の平和や恵みが外部から訪れると思っているからです。神の平和や喜び、すなわち救いは、各人の心の内奥から湧き出てくるものです。

それをわたしなりに表現すると、こういうメッセージになります。神さまは、わたしたち一人ひとりに、救い主イエスを通して、こう告げておられるのです。

「わが子よ、あなたはわたしの愛する神の子としてすばらしく尊く、賢く、美しくて力強い存在なのだよ。だから、わたしはあなたが可愛くてしょうがないのです。あなたは、わたしと一つであるから、神のごとく、何でも所有し、何でもできます。そして、あなたはあるがままの状態で完全・完璧なのですよ。

そのことを信じ、認め、そのように生きていきなさい。そうすれば、天国にいらっしゃる天使や聖人のようになるでしょう。困ったことがあったら、祈りによってわたしにすがり、わたしを頼りにしなさい。そうして人事を尽くしなさい。そうすれば、すぐに助けてあげましょう」

これがわたしの信じる「大きな喜び」です。

他の人に、「心を開く」ことは
勇気を要しますし、
非常に難しいものです。
しかし、相手と積極的に交わることで
わたしたちは心を開き、
変わっていくことができるのです。

心を開くということはやさしくないと思います。特に、人生経験の浅い若者は、大抵、潜在的に内心、他人と比べると劣っている面があるのによく気づきますから、自分の劣等感を隠すために、心をなかなか開かないものです。

わたし自身がそうでした。大勢の兄弟の中で育ちましたが、末っ子のわたしは兄たちや姉にも心を閉ざしていました。心を閉ざすとはどういうことかというと、自分の思い、気持ち、願望、計画などを言わないということです。ですから、わたしが内心、孤独の中で、神さまやマリアさまに祈っていることは、同じ家に住んでいても誰もわかっていませんでした。

こうした心を閉ざした孤独な思いが、どれほど無常感や寂寥《せきりょう》感をわたし自身に与えていたかは、まわりの兄弟も学校の友人も誰ひとりとして、知りませんでした。これは、幼くして母親を亡くした境遇が関係しているのかもしれません。

それが、今のわたしのように、人一倍自己を語り、オープンに自分の意見や考え、感情や意志を他者に言葉で表現するようになったのです。学校を卒業し実家を離れ、他県にいる兄夫婦の家に身を寄せ、その町の教会に通い、洗礼を受け、同年代の青年男女と語り合い、交わりながら、教会の活動に積極的に参加するようになってからでした。

心を開いて他者と語り合うためには、少なからぬ勇気がいります。わたしは秋田県出身で口が重い方です。反対にわたしの移った信州では、教育県だけあって、男女とも、割合気持ちや考えを自由に言葉にします。こうしたカルチャーショックを乗り越え、当たって砕けろの精神で、信州の人々としゃべるようになったので、今の自分があると思っています。

自我をすて去り、
ものの所有や人への執着から
離れるとき、
わたしたちは本来あるべき姿へと
解き放たれ、
輝くことができます。

「古い自分」というのは、仏教の言葉でいえば、「我執《がしゅう》」といってよいでしょう。本当の自分ではない、計らいや考えや欲望や感情にとらわれて、これが自分だと思い込んでいる自我意識に過ぎないものです。それは本来、無なるものです。本当の自分とは、あらゆるものに満たされた完全・完璧な自己意識にほかなりません。したがって、本当の自分に目覚めたければ、すべてを捨て去る覚悟や勇気がいります。これは容易なことではありませんが、利己心のように何かを獲得することによって、満足し、充実すると錯覚しているような幻想とは違います。

わたしの好きな禅の言葉に、「無《む》一物《いちもつ》中《ちゅう》無《む》尽蔵《じんぞう》」というものがあります。何も所有していないという無執着の心には、あらゆる存在も真理も善も美も愛も何でもある、という意味です。

宗教の修行の中には、「清貧」といって「貧しくなる」ということがありますが、何も所有せず、何にも執着しない、完全に離脱した心境になれば、神と自分が一つに融合しているのがわかるでしょう。これこそ、本来ある人間の姿ではないでしょうか。

そうなるためには、まず私利・私欲・私心の塊である古い自我というのは本来の自分ではないことに気づき、自分というのは、本来あるがままで完璧で完全で光り輝いている立派な存在であることを信じることが必要です。

童話作家モーリス・メーテルリンクの物語に、幸福の青い鳥を探し求めて旅に出かけた兄妹のチルチルとミチルがさんざん苦労した結果、自分の家の鳥かごにその青い鳥がいたというものがあります。そのお話ではないですが、真の自己とは、いまここに生きるあるがままの自分にほかなりません。

キリスト教における「復活」とは、
単に死人が生き返ることではありません。
「復活」とは、
死にのまれることなく
命が、完全なそして完璧なものと
なることなのです。

初めに結論を申し上げます。キリスト者のわたしにとって、復活とは完璧で完全な命の勝利であると思います。

ところで、キリスト教でいう復活とは何でしょうか。復活とは、死んだ人が単に蘇生することではありません。復活というのは、死んだ体が栄光に輝く霊的な体によみがえることを言います。

キリストご自身は、十字架に架けられて死なれましたが、生前に予言されたように、三日目に墓の中から復活され、多くの弟子たちに出現されました。キリストの体は生前の身体でしたが、状態はまったく違いました。それは、時空に影響されない栄光に輝く霊的な身体でした。

わたしたちも、もし信仰があれば、世の終わりに栄光の体へと復活するでしょう。そのとき、心身ともに完全・完璧な命を生きることになります。

聖書には「見よ、神の幕屋が人の間にあって、神が人と共に住み、人は神の民となる。神は自ら人と共にいて、その神となり、彼らの目の涙をことごとくぬぐい取ってくださる。もはや死はなく、もはや悲しみも嘆きも労苦もない。最初のものは過ぎ去ったからである」とあります（黙示録21・3〜4）。こうした希望こそ、復活の信仰にほかなりません。

多くの人々は、死者の魂が不滅なので、死後、生前の行いに応じて、来世の安楽を享受すると信じています。それでわたしは、死後、わたしの魂が天国に行き、そこで神を仰ぎ見て、永遠の安楽を享受するだろうことを信じています。そればかりではなく、死んで灰になってしまったわたしの身体も、世の終わりには、キリストのように栄光に輝く霊的身体として復活し、わたしの魂と合体して、完全・完璧なわたしになることを信じ、期待しています。

これこそ人間にとっての究極の完成ではないでしょうか。

嘘《うそ》をつかない、約束を守る、
言ったことをできるかぎり行う。
そうした、一つひとつの積み重ねにより、
誠実な人間になれると信じています。

先輩は大勢いますが、尊敬できる先輩というのは、なかなか少ないものです。人生において本当に尊敬できる先輩が傍にいてくれたら、自分の人生はどんなに楽しく、輝かしいものになることでしょう。そうした先輩は、お手本になります。

わたしたちはみな、ユニークで、それぞれ個性を持って生まれてきます。ですから、どんなに尊敬できる偉い先輩がいたとしても、歴史上の人物を含め、その人の真似をするというのは、正しくも賢くもありません。真似をするのではなく、倣《なら》うのです。

わたしの先輩に非常に誠実な人物がおられました。その方の誠実さに倣って、今まで何事にも誠実であるよう努めてきました。そして、結婚講座の講話のときなど、特に男性に対して、誠実な男性、誠実な夫、誠実な父親でありなさいと話しています。

誠実さというのは、わたしの考えで少なくとも三か条がなくてはならないと思います。一つ目は、「嘘《うそ》をつかない」ことです。二つ目は「約束を守る」ことです。三つ目は、できるだけ「言行一致を心掛ける」ことです。

たとえば、仕事の関係で出張するときなど、どこへ、何の目的で行き、どういう仕事をし、どこに泊まり、いつ帰るかの情報をきちんと妻に話しておき、現地で変更が生じたら、その旨《むね》、電話やメールで伝える。こういう習慣は、誠実な人なら必ずすると信じています。

わたし自身、誠実な人間を目指しているので、嘘をついたことがありません。また、約束したら、必ず守るようにしています。たとえば待ち合わせの時間などを厳守します。もし守れないようでしたら、約束などしませんし、速やかに変更します。

こういうちょっとした誠実さが積み重なって、言行一致の人間になれると信じています。

あとがき

わたしが旧制中学三年生の時（一九四五年）の八月十五日に、日本の敗戦で太平洋戦争が終結しました。その後の日本は、荒廃と虚脱の中でドン底の生活を強いられていました。その時、戦時中迫害されていたキリスト教の諸教会は息を吹き返し、諸外国からの物心両面の援助もあって、キリスト教が希望の光として人びとに灯《とも》し続けました。

そうしたなか、カトリックのあるアメリカ人の宣教師が、京都でテレビやラジオなどマスコミを利用した伝道に着手しました。それが今日まで継続している「心のともしび運動」です。ふとした関係でその神父とご縁ができたわたしは、若輩ながらテレビ、ラジオに出演することになりました。その時の原稿の一部が、今回、キリスト教の文書伝道の先駆者であり、指導者でもある日本キリスト教団出版局の眼に止まり、書籍として出版させてもらうことになりました。大変光栄なことです。

ここに収められている一つひとつの文章は、主キリストの福音のメッセージに基づいて日本人とその社会の問題が考えられ、語られ、実践されたならば、その多くが解決されるだろうという希望と信念のもとに書かれたものです。換言すれば、愛と真実に基づかなければ、いかなる問題も根本的な解決が得られないということです。出版にあたっていろいろと懇切丁寧なご支援やご指導を惜しまなかった出版第一課の加藤愛美さんに深甚の謝意を表するものです。

聖書はまさに、神のみ言葉として、神の愛語なのです。戦後の荒廃の中、「暗いと不平を言うよりも、すすんであかりをつけましょう」の標語のもと、書かせていただいた本書が、少しでも読者の皆さまの心に愛と希望の光を灯すことになるよう祈念するものです。

最後に、日本キリスト教団出版局の一層のご発展とご繁栄をお祈りするとともに、本書の刊行にあたられた関係者の皆さまに深く感謝申し上げる次第です。

二〇二〇年五月

越前　喜六

＊この書籍は「心のともしび」で放送されたものを再録しています。

越前　喜六（えちぜん・きろく）

1931年秋田県に生まれる。上智大学大学院哲学研究科及び神学研究科修士課程修了。カトリック・イエズス会司祭。上智大学文学部教授を経て、上智大学名誉教授。専攻は、人間学・宗教学。

〔著書〕『人はなんで生きるか』（聖母の騎士社）、『多神と一神との邂逅』（共著、平河出版社）、『わたしの「宗教の教育法」』（サンパウロ）、『人間学』（共著、理想社）、『神に喜ばれる奉仕』（編著、サンパウロ）、『希望』『愛』『祈り』『霊性』『癒し』『知恵』（いずれも編著、教友社）ほか多数。

現住所：東京都千代田区紀尾井町7-1　SJハウス

必ず道は開かれる

2020年6月20日　初版発行

著　者　越　前　喜　六

発　行　日本キリスト教団出版局

〒169-0051　東京都新宿区西早稲田2の3の18
電話・営業03（3204）0422、編集03（3204）0424
http://bp-uccj.jp/

印刷・製本　三秀舎

ISBN978-4-8184-1066-4　C0016
日キ販
Printed in Japan